AF226573

CHATIMENT

L'ACTION SE PASSE DE NOS JOURS ET SE CONTINUE

1870-1871

Par P. A. R. P.

BORDEAUX

IMPRIMERIE DE LA GUIENNE

rue Gouvion, 20.

—

1871

CHATIMENT.

1ᵉʳ TABLEAU.

Le Corps Législatif.

Séance du . . . . 1870.

Le Président. — Le procès-verbal de la dernière séance est adopté.

Un Membre de la majorité. — Messieurs, vous m'avez chargé de faire un rapport sur la situation générale du pays, au point de vue moral et matériel. Il résulte que cette situation ne laisse rien à désirer ; de plus, je suis heureux de porter à votre connaissance que, d'après les renseignements puisés aux meilleures sources, l'Europe veut continuer à jouir d'une paix Octavienne. Enfin, Messieurs, de la sagesse de vos délibérations, de votre patriotisme courageux et éclairé, il ressort que cette Chambre est toujours la première des Chambres, et notre nation, la première des nations. *(Le chœur).* Ce n'est pas un air nouveau.

Le Gouvernement. — Je présente un projet de loi pour la reconstitution de l'armée sur de nouvelles bases. Dans notre projet, tout Français sera soldat.

Un Membre de la majorité. — Il est urgent que la Chambre, en prévision d'événements ultérieurs, consente à augmenter nos forces de terre et de mer, et vote les dépenses que cette augmentation doit occasionner.

A gauche. — Soyez donc conséquents avec vous-mêmes.

Un Membre de la majorité. — Où voyez-vous une inconséquence ? Est-ce que vous ignorez l'adage : *si vis pacem ?*

A gauche. — Pas de subvention, pas de fonds.

La majorité. — Cependant, l'honneur de la France....

La gauche. — Nous sommes aussi chatouilleux que vous à l'endroit de l'honneur de la France ; mais la guerre est impossible ; toutes les nations vont désarmer, et en face de la fraternité universelle....

(Le chœur). — Elles se déchirent tous les jours à belles dents.

La majorité. — Cependant la Prusse...

La gauche. — Pas un homme, pas un écu.

Le gouvernement. — La Chambre constatera nos efforts pour parer à ce que nous croyons devoir appeler les exigences de la situation. Vous voulez désarmer...

La gauche. — Oui, oui.

Le gouvernement. — Et nous, nous demandons une augmentation de l'effectif ; si nous sommes d'accord sur la fin, qui est la paix, nous différons complètement sur les moyens.

A droite. — N'avons-nous pas, les cadres accusent ce chiffre, et vous en avez le contrôle....

A gauche. — C'est vrai, nous pouvons contrôler.

A droite. — N'avons-nous pas 450,000 hommes sous les drapeaux ?

Un membre. — Ils doivent y être, d'après le budget de la guerre qui nous a été soumis.

Le centre. — Avec cela, nous sommes invincibles ou à peu près.

Un membre. — Cependant la Prusse...

Un membre. — Laissez donc, la Prusse ne pèse-rait pas une once. Ces mangeurs de choucroûte, ces buveurs de bière, ces hommes lourds, ces pieds plats, les voyez-vous alignés contre nos zéphirs et nos zouaves ? Ces officiers semi-militaires, semi-bourgeois, nourris d'esthétique, bourrés d'abstractions et de psychologie, les voyez-vous vis-à-vis nos officiers des écoles spéciales ?

M. Prudhomme (dans une tribune) — Ces gens là paraissent sûrs de leur affaire.

(Le chœur). — Ah ! Messieurs, Messieurs, Tieu fous carte t'afoir chamais la querre avec la Brusse.

La gauche. — Vous demandez à augmenter l'armée ; c'est dans un intérêt dynastique.

A droite. — Nous protestons contre de pareilles insinuations.

Le gouvernement. — Et nous sommes forts de notre conscience et de notre patriotisme dont nous avons donné maintes preuves.

M. Prudhomme (dans une tribune). — Au fait, que leur reproche-t-on ?

La gauche. — Oui, à Sadowa, alors qu'il fallait protester, vous avez courbé l'échine;

Un membre. — Monsieur le président, rappelez l'orateur à l'ordre, il nous insulte.

Le président. — Je tiens la balance égale ; des deux côtés j'entends de grandes vérités.

La gauche. — Oui, à Rome, quand vous avez soutenu la plus monstrueuse des institutions, le pouvoir temporel du prêtre-roi ;

A droite. — A l'ordre, à l'ordre.

(Le chœur). — Rome et le prêtre-roi, voilà tout le fond de la question.

La gauche. — Quand vous avez empêché les patriotes italiens, les meilleurs amis de la France, de compléter l'œuvre de leurs revendications.

Dans les tribunes. — C'est vrai, c'est très vrai.

La gauche. — Oui, au Mexique, cet éternel cauchemar pour vous ; oui encore, en Chine, où imprudemment vous avez lancé jusqu'au centre de l'empire une poignée de Français commandés par un général brave, mais téméraire.

M. Prudhomme (dans une tribune). — J'ai toujours entendu dire qu'il fallait montrer au loin le drapeau de la France.

Un membre à droite. — Est-ce que nous n'avons pas triomphé ? Et le Palais d'été, et ses riches dépouilles...

Un membre à gauche. — Parlons-en. Ce n'est pas ici le cas de dire que la fin justifie les moyens ; vous pouviez ne pas réussir.

Un membre à gauche. — D'ailleurs, avant la France, le principe ; et avant le principe, notre dogme, qui est la république universelle, la confraternité et la solidarité des peuples. Heureux le jour peu éloigné où il n'y aura plus de France.....

A droite. — Vous y travaillez.

La majorité. — C'est intolérable, à l'ordre !

Le membre à gauche, continuant. — Laissez-moi compléter ma pensée ; ………… plus de France, plus d'Espagne, plus d'Italie, plus d'Allemagne, mais des frères, et où nous pourrons dire : je suis ton frère, tu es mon frère.

(Le chœur). — Et cœtera, et cœtera.

Le président. — Il me semble que la discussion s'égare.

Le gouvernement. — Nous tenons à constater que la gauche repousse toute augmentation de l'état militaire.

La gauche. — Carrément.

A droite. — Mais nous sommes en majorité.

La gauche.—C'est égal ; si vous avez la quantité, nous avons pour nous la qualité des arguments.

(Le chœur). — Ils ont l'audace et la discipline.

Un membre à gauche.—Nous avons le droit, qui, dans le cas actuel, prime la force (On passe au vote.)

Le président. — La Chambre a voté que l'effectif ne sera pas augmenté.

Un membre au centre. — Et la question Espagnole ?

Le gouvernement. — Elle est arrangée. Nous sommes décidés—et l'Europe nous approuve—à ne pas subir un candidat Prussien sur le trône d'Isabelle-la-Catholique et d'Alphonse-le-Sage.

A droite. — Voilà du patriotisme et du sens politique.

Le gouvernement. — Messieurs, nous avons nos principes, et n'en démordrons jamais.

(Le chœur). — Pauvre pays.

La majorité. — Vive la France ! (Ils sortent.)....

2me TABLEAU.

Le cabinet du roi de Prusse.

Guillaume, Comte de Bismark, de Moltke, de Roon, la reine Augusta,
(masquée par un paravent, et ne pouvant être vue que du roi).

Guillaume. — Chers conseillers, vous avez vu dans les journaux la résignation des Français au fait accompli.

Bismark. — Oui, majesté ; le fait accompli est passé chez ces gens incomplets à l'état de dogme ; et ils auraient mauvaise grace de s'en plaindre. Qui, les premiers, si ce n'est eux, a proclamé le principe des agglomérations ? N'ont-ils pas fait l'Italie et... tant d'autres. . bévues ?

Guillaume. — Oui, mon cher ministre, ils ont fait l'Italie, c'est vrai, et cela leur coûtera cher. Mais ils se repentent de n'avoir pas, comme ils le disent, jeté leur épée dans la balance avant Sadowa ; ils ne sont pas contents, pas contents du tout, n'est-ce pas Moltke ?

Moltke. — Non, Majesté, mais ces *sales cochons* ne nous prendront pas à l'improviste.

Guillaume. — Choisis tes termes, Moltke ; ce sont des choses qu'on peut penser, mais que la bonne éducation doit empêcher de dire tout haut ; d'ailleurs, les hommes sont tous égaux devant Dieu. Tu dis donc que nous ne nous laisserons pas surprendre.

Moltke. — Non, Majesté ; voici Roon qui vous dira que nous sommes prêts quand votre gracieuse Majesté nous en donnera l'ordre ; nous sommes prêts depuis plusieurs années, et nous donnerons, s'il plaît à Dieu, une terrible leçon à ces *sales cochons*, — pardon, Majesté, la force de l'habitude — qui n'osent pas déclarer qu'ils improuvent nos acquisitions et qui ne se plaignent pas ; preuve évidente qu'ils trament quelque chose contre nous.

Bismark. — Aussi, si je puis les attirer dans un bon piége....

Roon. — Des piéges, pourquoi faire ? Non, tout par la force, il n'y a que la force. J'ai 1,200,000 hommes disciplinés, 400 batteries se chargeant par la culasse ; des généraux capables et sérieux, par centaines, et par milliers ; des officiers qui songent à autre chose qu'à parader, boire de l'absinthe et se cirer les moustaches. Que voulez-vous que fassent ces *sales cochons* ? — pardon, Sire.

Guillaume. Mais je veux l'équité, la justice, au moins l'apparence du droit.

Bismark. — Oui, Majesté ; mais comme dit le comte de Moltke, du moment que la France ne se plaint pas, c'est la preuve qu'elle se prépare en secret, et comme nous devons la battre, il faut lui fournir un prétexte de montrer ses cartes.

Roon. — Certainement, nous la battrons, et quoique ce soit nous qui voulons la guerre et qui sommes prêts à la faire, il faut mettre la France dans son tort en amenant une complication diplomatique.

Bismark. — Une complication diplomatique, cela c'est mon affaire.

Guillaume. — Oui, mais gardons la forme ; je veux l'équité, la justice, mais au moins la forme, la forme.

Bismark. — Que votre gracieuse Majesté se rassure, ces *sales cochons*, pardon Majesté !... je voulais dire ces Messieurs Ollivier et consorts n'y verront que du feu.... et c'est la France qui nous déclarera la guerre.

Augusta (bas). — Dis donc, vieux chéri, quel bonheur si nous aurions la guerre et que tu pourrais m'envoyer quelque chose !

Guillaume (bas). — Laisse-moi travailler. (Haut). mon cher ministre, vous êtes un grand homme. Allez tous vous préparer au rôle que vous assignent les desseins de la providence. Pour moi, j'ai un pressentiment que le Dieu des armées me donnera la victoire. Ces *sales cochons* deviennent abrutis. Ils n'ont fait qu'une bonne chose, l'Exposition universelle, et cela me faisait, je l'avoue, crever de dépit ; mais ils le paieront cher, et je veux, pour me venger, me faire nommer Empereur à Paris.

(Moltke et Roon sortent).

3me TABLEAU.

Corps législatif.

Un membre au centre. — Messieurs, il est venu à notre connaissance que la Prusse n'accueille pas notre détermination, ainsi que nous avions lieu de l'espérer. Il y a plus : l'on dit que des complications surgissent, et que même notre ambassadeur aurait été insulté à Berlin.

Cris de tous côtés. — Ce n'est pas possible ; —

Par qui? — C'est au gouvernement à répondre.

Le gouvernement. — Nous n'avons jamais rien de caché pour la chambre, et nous devons déclarer que le fait est vrai.

Un membre à gauche. — Cette nation nous traite par-dessous la jambe. Il fallait l'arrêter à temps : *principiis obsta,* etc.

Cris de tous côtés. — Vous avez abdiqué à Sadowa ; vous avez sacrifié le Danemark. — *Cris :* c'est vous. — Non. — Oui.

(Le chœur). — Ah ! pien, à pressent je m'en fas rire.

Le gouvernement.— Il ne faudrait pas s'exagérer les choses.

Un membre. — Est-il vrai, oui ou non, que notre ambassadeur ait été insulté ?

Le gouvernement.— Le roi de Prusse a poliment fait prier notre ambassadeur de ne plus revenir sur la question d'Espagne qu'il croit épuisée.

Cris. — Mais c'est une indignité, c'est une insolence. A Berlin !

Un membre. — Est-ce bien ainsi que les faits se sont passés ?

Le gouvernement. — Il ne m'est pas possible de produire les pièces, mais tenez le fait pour certain.

Un membre. — Mais le ton fait la chanson.

A droite. — Quand il s'agit de l'honneur de la France, quand on a l'honneur d'être Français, toutes ces distinctions de ton et de chanson sont inopportunes, et ce serait une lâcheté que de courber la tête.

Une voix. — A l'ordre !

La gauche. — Du moment que les faits sont patents, il n'y a pas à transiger ; nous voterons la guerre si vous êtes prêts.

Le gouvernement. — Tout prêts.

La gauche. — Mais nous devons formuler contre vous un blâme mérité pour n'avoir pas fait respecter la France et nous entraîner dans de nouvelles entreprises ; mais la question dynastique vous a toujours préoccupés....

Le gouvernement. — Encore fallait-il vous soumettre la question.

(Le chœur). — Il n'y a que dix jours qu'il l'ont en portefeuille.

Le gouvernement. — Nous sommes prêts, archiprêts. Nous devons vous dire d'ailleurs que des rapports confidentiels qui nous parviennent de tous côtés, il résulte que la Prusse a discontinué ses armements et licencié une partie de ses troupes. Et puis elle déteste la guerre et nous craint. Ce ne sera donc de notre part qu'une sorte de manifestation armée qui consolidera notre influence en Europe.

Le (chœur). — Et qui nous donnera peut-être le Rhin Allemand.

M. Prudhomme (dans une tribune). — Dès demain je ne quitte plus mon uniforme de 1830.

De tous côtés. — Nous sommes tous d'accord. — Embrassons-nous. — Vive la France !

La gauche. — Comptez sur notre concours sans réserve.

Cris. —La guerre ! la guerre ! A Berlin ! à Berlin !

Le chœur. — Foui, Messieurs, à Perlin sur l'air de la Marseillaise, ou à Paris.

Le président. — L'enthousiasme est tel que je crois devoir lever la séance. (La séance est levée.)

M. Prudhomme (dans une tribune). — Ces gens-là ont l'air bien sûrs de leur affaire.

<hr>

4me TABLEAU.

Suite du conseil du roi de Prusse.

Guillaume, Augusta (cachée), Bismark.

Guillaume. — Eh bien, cher chancelier comte de Bismark, la guerre est donc déclarée ! Que la responsabilité retombe sur ceux qui nous provoquent. N'avez-vous pas eu quelque scrupule ? car Dieu réprouve l'effusion du sang. Pour moi, je m'en lave les mains. — Ah ça, quelle est l'opinion en France ? que dit le pays ? Vous savez que je lis peu les journaux.

Bismark. — Gracieuse Majesté, en France, l'opposition, quoique en grande minorité, fait peur à la majorité et au gouvernement, qui a réclamé une augmentation de ressources pour le budget de la guerre. Le Gouvernement n'a rien obtenu et cependant la minorité a eu le talent de jeter la pierre au pouvoir de ce qu'il n'était pas prêt. C'est de cette confusion que je compte tirer un grand parti pour nos affaires.

Guillaume. — Mais, mon cher conseiller intime, les nations de l'Europe...

Bismark. — La France est isolée et détestée,

parce quelle vaut mieux que tous, qu'elle excite la jalousie de tous, et qu'elle a rendu service à tous ; de plus, on l'accuse d'être un brandon de discorde en Europe, sous le prétexte de porter le flambeau de la civilisation avancée.

Guillaume. — Oui, très avancée. — Te souviens-tu, Bismark, de cette représentation de la *Grande-Duchesse,* d'Offenbach ? Quel parfum de gaudriole, et quels bons jours nous avons passés dans ce coquin de Paris ! mais c'était bien immoral, et un soir tu voulais me faire pincer un cancan, tu te rappelles?

Bismark. — La choucroûte laissait à désirer, Majesté. Et puis ce coup de pistolet sur l'autocrate, votre gracieux neveu, a jeté un froid. Depuis ce jour, l'Empereur votre gracieux neveu qui ne pouvait pardonner la France d'avoir brûlé Sévastopol sans profit même pour elle, et qui ne comprend pas plus que nous que l'on dépense inutilement des millions et des centaines de mille hommes, a pris la France en aversion et ne fera rien pour ces *sales cochons,* ni pour Napoléon, qui aurait dû faire écarteler ce polonais Berezowsky.

Guillaume. — Et l'Italie, Bismark ?

Bismark. — L'Italie? l'Italie a hésité entre nous et la France. Si elle lui a donné la Lombardie, nous lui avons donné la Vénétie. Mais, d'un côté, le fardeau de la reconnaissance est lourd à porter, et de l'autre, elle n'attend plus rien de la France ; aussi, son parti a été bientôt pris, et elle se mettrait volontiers contre elle de notre côté.

Guillaume. — Ces principes, cher ministre, ne sont ni dans la bible, ni dans l'évangile.

Bismark. — La diplomatie a refait tout cela à

notre usage, gracieuse Majesté; à quoi sert de marcher, si ce n'est pas pour avancer ?

Augusta (bas). — Pst ! vieux chéri ! pas vrai que
tu m'enverras des pendules ?

Guillaume (bas). — Oui, tricotte tes chaussettes.
(Haut.) Bismark, tu m'épouvantes, car je croyais
connaître le cœur humain ; et il y aurait d'après toi
une aussi cynique dépravation ?

Bismark. — Sans doute, Majesté. Voyez, pour
compléter, l'Angleterre et l'Espagne ; celle-là ne
peut pardonner à la France deux choses : 1° les
services et les secours qu'elle en a reçus en Cri-
mée ; 2° l'Exposition universelle de 1867.

Guillaume. — Tu reviens toujours à ton Exposition universelle. Il m'en faut une à Berlin, tu sais.

Bismark. — Oui, Majesté, après la guerre. L'Espagne, elle, ne peut pas digérer que la France se
soit opposée à la candidature de votre neveu ; l'Espagne n'en voulait pas elle-même, c'est vrai ; mais
l'ingérence de la France lui a paru une injure. Voilà
ce que j'appelle de la diplomatie.

Guillaume. — Oui. Oh ! ça été une bonne farce ;
mais j'ai toujours des scrupules, car enfin ce bon
M. Benedetti...

Augusta (bas), *se faisant un cornet de ses mains.*
— Vieux chéri de sa Gusta, pas vrai que tu m'enverras un faux chignon ?

Guillaume (bas). — Laisse donc tranquille. —
Vas toujours, Bismark.

Bismark. — Pardon, Majesté ; Benedetti s'est
conduit comme un novice ; il a donné dans le pan-
neau ; donc il est coupable ; donc pas de scrupules ;
quant à Ollivier et Gramont, ils prétendaient faire

un empire libéral à leur usage, les niais ; c'est
comme si j'entendais dire que Flourens, Pyat et
Blanqui aiment leur prochain et craignent Dieu.
Dieu les frappa de démence avant de les perdre ;
car il les perdra...

Guillaume. — Voilà bien du sang répandu pour
de bien futiles motifs. Et quels sont tes auxiliaires ?

Bismark. — Vous n'ignorez pas, Sire, qu'il y a
en France 150,000 Allemands : toutes ces blondes
fadasses du quartier latin, ces dames d'étudiants,
ces commis, ces maîtres d'études, ces professeurs
de langue et de musique, ces brasseurs de bière,
qui s'y engraissent depuis vingt ans...

Guillaume. — Eh bien !

Bismark. — Tous espions.

Guillaume. — Bons espions ?

Bismark. — Bons espions.

Guillaume. — Tu me tranquillises. Mais il y a une
foule de petits Etats secondaires ou neutres : la Bel-
gique, la Hollande, le Luxembourg, la Suisse et
même le Danemark.

Bismark. — Ils se garderont bien de bouger, Majesté ; autrement nous les annexerons.

Guillaume. — Ecoute, Bismark ; si tu voulais es-
sayer une démarche qui me prouverait tout ton
amour pour moi.

Augusta (bas). — Qu'est-ce qu'il va lui dire, ce
vieux chéri ?

Guillaume. — Tu enverrais un cartel à ce Gramont,
vous videriez cette question entre vous deux, et
ainsi mon peuple bien-aimé, et *ces sales cochons,*
car nous sommes tous frères, seraient épargnés.

Bismark. — Cette idée n'est pas nouvelle, Sire ;

seulement elle a beaucoup de peine à faire son chemin.

Guillaume. — Résignons-nous donc pour la plus grande gloire de Dieu. Heureusement que Moltke et Roon sont prêts, et que tu m'assures que c'est la France qui nous attaque.

Bismark. — Oui, Majesté ; nous voulions la guerre, et nous la forçons à nous la déclarer. (Bismark sort.)

Guillaume (seul). — Ah ! grand Dieu, que de veuves et d'orphelins !

Augusta (sortant de derrière le paravent). — Tu es grand comme le monde ! vieux loup. chéri, embrassez vite votre chatte. Si vous partez en guerre, envoyez-moi un chignon et une crinoline ; adresse-moi des bulletins de victoire tous les jours, et tâche de ne pas être trop sanguinaire.

5me TABLEAU.

Ces Messieurs du pavé de nos grandes villes.

Polite. (d'en bas). — Eh la haut ! t'en viens-tu ?

Noireau. (dans la maison). — J'arrive ; tu vas à l'atelier ?

Polite. — Un peu mon neveu.

Noireau (à sa femme). — Dis donc la belle, tâche donc que ta soupe soit prête à l'heure, hein ?

Julie. — Où vas tu donc à présent ?

Noireau. — C'est y pas samedi ? puisque Polite

2

m'appelle, il faut voir; d'ailleurs, c'est jour de paie.

Julie. — Laisse-moi de l'argent, au moins.

Noireau. — Plus souvent, puisque je vais à la paie, nom d'un nom ; je reviens pour la soupe, ne vas pas me faire poser, ou je cogne.

Julie. — Mon ami, il était minuit passé quand tu es rentré cette nuit, tu t'abîmes le tempérament.

Noireau. — Je te dis zut ! avec ton tempérament, Eh Polite ! (il descend).

Polite. — Eh ! oui donc j'arrive, me voici.

Noireau. — C'est pas trop tôt ; ous ce que nous allons prendre le petit blanc, hein ?...

Polite. — Là, au coin, si tu veux ; c'est un bon zigue ; d'ailleurs, je lui dois plusieurs canons.

Mautrin (arrivant). — Eh ! Lambert !...

Laliche. — Et ta sœur ?...

Noireau. — Les voici tous qui arrivent, tous des bons b... qui ne se mouchent pas du pied. (Ils entrent tous chez le marchand de vin).

Mautrin. — Pour lors, tu es toujours chez le même ?

Noireau. — Oui, mais je vas le lâcher d'un cran. Tu sais, hier, nous avons eu des raisons, pour quoi que je lui disais comme ça que je voulais perdre une demie pour aller à une réunion politique, y me dit que non, rapport que c'était une ouvrage pressée ; alors je lui dis : on viendra demain vous la finir votre ouvrage ; non, qui dit, dimanche c'est inutile ; pour lors, je lui dis : avec ça que je n'y travaille pas tous les dimanches ; et comment que je pourais me reposer le lundi et souvent le mardi ? Pas de raison qui me dit.

Mautrin. — C'est un muffle ; avec ces patrons,

si l'on se laisse marcher dessus, l'on est bientôt foulé aux pieds,

Noireau. — Pour lors donc, que y va me payer, et peut-être y me reparlera pas de la chose ; mais moi, je ne pardonne pas à un patron de me manquer. Et toi, que fais-tu ?

Mautrin. — M'en parle pas, je suis dehors depuis cinq heures ce matin, j'ai la flême.

Tous. — Y ne faisait pas chaud, ce matin.

Mautrin. — Tout de même que j'étais sur rue avec le petit, que je lui avais promis que je le mènerais avec moi voir racourcir Lacrampe à La Roquette.

Un voyou. — Tiens, moi j'y étais, j' t'ai pas vu.

Un abruti. — Et moi donc que j'avais envoyé ma sœur ne pas se coucher, à seule fin de me garder une place.

Un pané. — Y en avait y, nom d'un nom, de la goûte et de la folie !

Un ouvrier. — Moi je ne me paie pas ce genre de spectacle.

Mautrin. — Fais donc ta Sophie ; moi, y s'agirait de couper la tête à quelqu'un, je ne dis pas. Mais puisqu'on lui coupe tout de même, autant en profiter.

Mautrin. — Pour lorsse, pour vous revenir, je suis rentré vers les sept heures, après avoir fait une tournée de petit bleu sur le comptoir.

Polite. — C'est ce qu'il appelle faire ses stations.

(Ils boivent.) — A votre santé ! — A la vôtre. — Pardon. — Excuse.

Noireau. — A-t-il parlé Lacrampe ?

Mautrin. — Il a dit comme ça qu'y se fichait pas mal de M. le curé ; que c'était vrai qu'il avait tué la servante, mais qu'elle avait eu le tort, rapport qu'après lui avoir fait passer le premier couvert d'argent, elle lui a refusé le second. Pour lorsse, tu comprends, c't'homme qui avait peut-être pris des engagements..... Enfin c'était superbe, et il a très-bien présenté la chose ; y en avait-y des femmes, des enfants, sur les arbres, partout ! On y a fait une noce à tout casser, quoi ? — A votre santé. — A la vôtre.

Un ouvrier. — C'est égal, j'aime pas çà. Le dimanche soir, pour me reposer d'avoir travaillé jusqu'à quatre heures, — car chez nous il faut livrer l'ouvrage, — je me paie l'Ambigu.

Polite. — Avec son Ambigu, y me fait suer. — A ta santé !

Laliche. — Nous, nous allons les dimanches à la Porte-Saint-Martin, avec la femme et tout le bazar. On y fait de belle littérature, et puis on se repose de la semaine.

Noireau. — A la vôtre. — Dis donc, là-bas, Guste, et ton école, feignant ! au moins si tu profitais puisqu'elle ne me coûte rien ; que dira le cher frère quatre-bras ?

Auguste. — C'est que maman m'a envoyé chez *sa tante.*

Noireau. — Sa tante, nom d'un nom! Ah! j'y suis, et pour lors ?

Auguste.— Et je n'ai pas pu aller à l'école, parce que tu y avais dit que tu lui ficherais une râclée si la soupe n'était pas faite. Oh ! j'ai bien entendu, je ne dormais pas.

Noireau. — Je lui revaudrai cela plus tard.

Polite (à part). — Tiens, voilà Fanny qui passe.

Mautrin (à Noireau).—Quand nous serons seuls, je t'en conterai une bonne de Fanny.

Noireau.— Faut pas te gêner, rapport à l'enfant; moi je suis de l'avis que tant plus qu'ils en savent étant jeunes, moins ils en apprennent étant vieux. — A votre santé.

Polite. — Te voici chez le patron. (Noireau entre et ressort bientôt.)

Noireau. — Me revoici ; y m'a payé le sans-cœur; y ne m'a rien dit le lâche; y n'm'a pas renvoyé le réac !

Laliche. — Plus souvent qui t'aurait renvoyé.

Noireau. — Oui, mais moi je lui ai donné son congé ; d'ailleurs c'est samedi ; lundi dans la journée je chercherai autre chose ; il ne faut pas les gâter ces mufles, pour le gré qu'ils nous en savent! Ils nous paient, voilà tout ; et nous faisons leur fortune ; ce n'est pas juste.

Tous. — Non, ce n'est pas juste. Précisément on traite tous les soirs cette question à Belleville. — A votre santé. — A la vôtre.

Noireau. — Pour lors, je flâne.

Laliche.— Entrons au billard ; je te joue l'absinthe en 50 points.

Noireau. — Je ne prends jamais d'absinthe hors de mes heures : le matin, à 11 heures, et à 6 heures, je ne dis pas.

Laliche. — Va pour le vermout, alors.— Garçon, quatre vermout.

Polite. — Non, pas pour moi. (A part) je vas la flâner. (Haut) à onze heures, je vous retrouve pour l'absinthe , c'est de rigueur. (Il sort.)

Mautrin. — Ta petite est grandette ?

Noireau. — Oui, elle va sur ses treize. Je voulais la faire débarrasser de sa première communion afin de la placer, car c'est une charge ; son curé n'a pas voulu.

Mautrin. — Avec ça que ça le regarde. Es-tu ou n'es-tu pas son père ? Et dire qu'on ne peut pas s'en passer, de ces calotins. Vous naissez, voilà le curé ; à douze ans, pour la communion, voilà le curé; vous vous mariez, encore le curé, et quand vous mourez, toujours le curé.

Noireau. — Pour la communion, je ne dis pas ; on ne peut pas s'en passer du curé ; mais ici, dans la haute, bien des gars se marient sans curé, et quant à moi, j'ai déjà dit à ma femme que je n'en voulais pas.

Mautrin. — Quoi qu'elle t'a répondu ?

Noireau. — Elle s'est mise à pleurer comme une huître. Pour lorsse, quand la petite aura fini, je la placerai chez la lingère, en face. Elle y sera très-tenue ; dame, seulement, elle travaillera le dimanche, mais le lundi je la mènerai rigoler au bois de Vincennes. Là, plus tard, on ne sait pas ce qui peut arriver....

Laliche. — Garçon, combien devons-nous ?

Le garçon. — Nous disons 24 et 7, ça fait 38...... 1 fr. 75. (Ils paient.)

Noireau. — Y a c'tantôt une réunion électorale à la salle Martel pour y discuter la candidature Vermorel; je ne puis pas y manquer ; c'est un des bons de la sociale, le seul espoir du brave peuple, car les autres, Jules Favre, Ernest Picard, Jules Simon, ce ne sont pas les vrais amis du peuple.

Mautrin.— Bien sûr que s'ils étaient au pouvoir, ils feraient comme les autres,

Un cocher. — Ohé, hep ! Ohé, hep!

Mautrin. — Est-ce que tu n'as pas de place, faignant ? Essaye voir un peu de me toucher avec ton fouet.

Polite (essouflé). — Ouf ! je n'en puis plus. J'arrive de l'enterrement de Morel ; j'y avais promis de l'accompagner. Pendant leurs simagrées, je suis entré faire un bézigue chez le marchand de vins ; mais après j'ai suivi le corps, tête nue, au Montparnasse, et y a une trotte ! Je suis comme ça. Je me moque de la religion des vivants, mais je ne manque jamais aux morts, et tous les ans j'y vas porter des couronnes. Si ça ne fait pas de bien, ça n' fait pas de mal ; pas vrai, vous autres ?

Noireau. — Chacun son idée. Après l'absinthe, vers deux heures, rendez-vous à la salle Martel. Ce soir, conférence sur les droits du peuple, revus et augmentés suivant les aspirations nouvelles du progrès de 1870. Nous y serons, c'est entendu. (Ils sortent.)

(*Le chœur.*) — Journée bien employée, citoyens utiles, enfants bien élevés. Pauvre France !!!

6me TABLEAU.

Le Gouvernement de la Défense nationale

AU CORPS LÉGISLATIF.

Le Président. — Messieurs, devant la volonté du peuple d'une partie des faubourgs de Paris, manifestée par les agents sans mandats, mais crus sur parole, de la maison Flourens, Mégy, Pyat et compagnie ;

Frappés, mais non étonnés, de la quatrième ou cinquième violation de la représentation nationale ;

Voulant éviter de nous trouver compromis dans une situation exceptionnellement difficile, et résolus à imiter la prudence de nos prédécesseurs en pareilles circonstances, nous déclarons au nom de la Chambre :

Que son mandat est impossible ;

Que quoique de beaucoup les plus nombreux, nous nous inclinons devant l'audace heureuse qui n'est ni le droit ni la force, et devant le fait accompli de l'envahissement du lieu de nos séances. La séance est levée.

Cris. — A l'Hôtel-de-Ville ! A l'Hôtel-de-Ville ! !
(Ils sortent).

A L'HOTEL-DE-VILLE.

Une voix du dedans. — La déchéance de l'empereur est prononcée.

Dans la foule, un voyou. — Le gredin ! comme

je l'étranglerais avec les boyaux du dernier calotin.

Un pané. — Et dire que ce monstre nous a flattés, nous a gorgés à bouche que veux-tu ; que pour nos beaux yeux il a fait un Paris tout neuf.

Le voyou. — Le traître, il savait bien ce qu'il faisait ; c'était pour cacher son jeu et nous endormir.

Cris (sur l'air des lampions). — Commencez, commencez ; commencez.

Le pané. — Est-ce qu'il ne devait pas se faire tuer avec toute la France plutôt que de se rendre.

Le voyou. — Ah ! ouiche ! Il s'est vendu aux Prussiens avec toute l'armée pour quinze cent mille francs.

Cris. — Commencez ! commencez ! commencez !

Un abruti. — Tu te rappelles comme il se faisait crier vive l'empereur quand il traversait l'inondation de la Loire sur son méchant bateau ; si le tonnerre de Dieu l'avait englouti avec toute sa clique. Mais y savait bien qu'y ne se noierait pas, l'intrigant. Y a-t-un Dieu pour les canailles ; c'est bien pour cela que nous n'en voulons pas, nous autres. Ah ! si y se serait noyé !

Un gredin. — Et sa femme, la belle Andalouse, avec ça qu'elle s'en passait !

L'abruti. — Ne m'en parlez pas ; c'est tous de la bande à Mandrin. Il fallait la voir aux ambulances du choléra d'Amiens. C'était des frimes tout ça ; on disait même comme ça que c'était comme qui dirait une de ses femmes de chambre qui aurait pris sa tournure.

Cris. — Eh, là-bas ! ne poussez pas !... commencez !

Le gredin. — Il n'y aura de bonheur pour le vrai peuple que quand cette boutique des rois et des prêtres aura passé au bleu.

Cris. — Ah !... ah !... ah !... c'est pas malheureux. Taisez-vous donc, là-bas, l'on n'entend rien.

Une voix (au balcon). — Au nom du peuple de Paris, le gouvernement de la défense nationale,

Considérant que les circonstances sont trop urgentes pour consulter la France dont les sentiments nous sont connus, et qui ne peut pas se prononcer,

Considérant d'ailleurs que son territoire est en partie envahi par l'ennemi,

Que la France a toujours voulu ce que le peuple de Paris lui a imposé,

Considérant que la république est de droit divin...

Le peuple (dehors). — Bravo ! vive la République !

La voix. — Que c'est l'état naturel de l'homme libre...

Le peuple. — Vive la liberté !

La voix. — L'état primordial, imprescriptible, antérieur et supérieur à toute convention contraire ;

Que les peuples eux-mêmes n'ont pas le droit de s'y refuser ;

D'accord avec les mandataires du peuple, les citoyens Mégy, Pyat, Flourens, Blanqui, Delescluze et Rochefort, de qui nous tenons nos pouvoirs :

Nous décrétons :

Art. 1er. L'empire est déchu...

Le peuple. — Bravo ! vive la liberté ! à bas le gouvernement !

La voix. — Art. 2. Un nouveau gouvernement

est institué pour faire le bonheur de la France, d'abord, et la défendre ensuite.

Un monsieur. — Le peuple ne fait que changer de bât.

La foule. — Nous n'avons pas besoin de gouvernement.

La voix. — Art. 3. Les membres du nouveau gouvernement sont Messieurs...

La foule. — Dites citoyens.

La voix. — Les citoyens Jules Favre...

La foule. — C'est un réac ; à la porte.

La voix. — Trochu...

La foule. — C'est un dévot ; à la porte.

La voix du dedans. — Garnier-Pagès, Glais-Bizoin, Crémieux...,

La foule. — C'est tous des momies, des croûtes.

La voix. — Gambetta...

La foule. — En voilà un bon, bravo !

La voix. — Rochefort, directeur des barricades...

La foule. — A la bonne heure, donc. Vive la république! que la France entière ne nous escamotera pas. A bas l'empereur ! vive la liberté. (Le peuple s'écoule.)

A L'HÔTEL-DE-VILLE.

Le Gouvernement de la Défense nationale.

Salle du Conseil.

Premier membre. — Ouf ! L'on à beau dire, c'est dur à subir les embrassements et les odeurs de la voyoucratie. Messieurs, reprenons nos esprits, et travaillons sans désemparer, car Palikao pourrait nous tailler des croupières.

Deuxième membre. — Permettez-moi d'émettre un avis dans la prévision d'événements graves ; il importe de scinder l'action gouvernementale ; nous aurons, il est vrai, moins de chances de nous mettre d'accord.

Troisième membre. — Nous resterons toujours unis dans l'œuvre commune de la fondation définitive de la république, car c'est là notre souci majeur.

Deuxième membre. — Nous aurons moins de chances de nous mettre d'accord; mais nous aurons l'avantage, avec une délégation, de pouvoir, sans nous compromettre, nous désavouer réciproquement; de cette façon, quoique nous fassions........ vous comprenez....

Quatrième membre.— Messieurs, la circonstance est solennelle ; pour l'amour de Dieu, prenons notre tâche au sérieux, et procédons à armer et à ravitailler Paris.

Deuxième membre.— Non, citoyens, la politique d'abord ; je demande qu'une délégation soit envoyée à Tours en prévision du siége de Paris, et plus loin s'il y a lieu.

Premier membre. — Cette précaution est au moins prématurée. Nos services publics si défectueux vont être réorganisés ; et je veux opérer une refonte générale dans les postes, la télégraphie, l'intendance, les finances, les chemins de fer même, vous le dirai-je, dans la presse dont la partie matérielle est de plus en plus négligée ; jamais les Prussiens ne s'aventureront jusqu'à Orléans seulement ; et, dans ce cas, n'aurons-nous pas mille moyens d'entretenir des rapports journaliers avec les chefs de services ?

Un membre. — Paris peut tenir quatre mois ; nous pouvons y lever, former, exercer, armer et équiper cinq cent mille hommes. Nous le dirons partout ; cela fera bien, et on croit tout en France. De cette façon, l'ennemi sera tenu à distance ; n'est-ce pas votre avis, citoyens ?

Le quatrième membre. — Messieurs, je ne l'ai ni inventé ni expérimenté ; mais je me suis laissé dire que Paris ne pouvait être ni investi, ni bloqué, ni affamé, ni assiégé, avec ses forts détachés, son enceinte continue et sa nombreuse garnison.

Un membre. — Et avec des pièces de marine à longue portée, bien supérieures, dit-on, à tout ce que peuvent avoir les Prussiens, servies par des artilleurs qui seront légendaires et qui à chaque coup démontent leur batterie ennemie, n'est-ce pas, citoyens ?

Quatrième membre. — Messieurs, je ne sais pas si les Prussiens assiégeront Paris ; s'ils viennent, avec l'aide de Dieu, je ferai mon devoir.

Un membre. — Avec nos six cent mille combattants, il faudrait au moins 1,200,000 assiégeants. C'est impossible. D'ailleurs nous opposerons coup sur coup à l'improviste de nombreuses et formidables sorties, avec des feintes telles, que l'ennemi ne doive jamais connaître ni le nombre, ni le point, ni l'heure.

Un membre. — Et puis la province, nous y comptons bien. Peut-être que c'est elle qui comptera sur Paris ; mais c'est illogique, elle le reconnaîtra plus tard.

Quatrième membre. — Ce malentendu ne devra pas durer.

Un membre. — N'y aura-t-il pas au contraire une sorte de diplomatie à créer et à prolonger cette confiance ; car chacun fera mieux son devoir ignorant sur qui il peut compter.

Quatrième membre. — Messieurs, je suis pour les positions nettes.

Cinquième membre. — Mais enfin citoyens, le danger n'est pas imminent. Ces Prussiens sont-ils donc aussi forts qu'on le dit ? Dans le début, ce n'est que par la supériorité écrasante qu'ils ont obtenu quelques avantages ; mais de fait, à part la trahison de l'empereur...

Quatrième membre. — L'empereur n'a pas trahi.

Cinquième membre. — Et la capitulation de Sedan ; à part la trahison de Bazaine.

Quatrième membre. — Bazaine n'a pas trahi.

Cinquième membre. — Et la perte de Metz, je ne vois pas que nos affaires soient en si mauvaise passe. La France a toujours été battue, c'est vrai ; mais en détail, nous avons fait tant de mal à l'ennemi !

Premier membre. — C'est vrai, et avec un bon ministre de la guerre, je voudrais chauffer et enlever les populations en leur persuadant notre supériorité, et rétablir nos affaires.

Troisième membre. — Et où le trouver, ce phénix ?

Quatrième membre. — Pas parmi nos généraux ; s'ils se trompent ou s'ils sont incapables, on en fait des traîtres.

Troisième membre. — Ne sommes-nous donc pas entourés de trahison ?

Quatrième membre. — La trahison, c'est notre

suffisance, notre vanité, notre ignorance, la mauvaise éducation de nos enfants, l'immoralité du peuple.

Troisième membre. — Mais enfin l'empereur !...

Quatrième membre. — Il a fait de la politique avant de songer à son pays.

Troisième membre. — Et Bazaine ?....

Quatrième membre. — Il l'a imité, et ils se sont trompés tous les deux.

Troisième membre. — Vous appelez cela de la politique ; c'est de l'égoïsme, c'est de la lâcheté, c'est du manque de patriotisme ; c'est sacrifier le bien général à un sentiment particulier.

Quatrième membre. — Priez Dieu, si l'occasion se présente, de ne pas tout sacrifier aussi à vos préférences.

Premier membre. — Quant à moi, je me dévoue à la tâche civile et politique. Avec des préfets de mon choix, véritables proconsuls, je me charge de jouer ma partie. Ce point une fois réglé, s'il me reste des loisirs, je me consacrerai à la partie militaire, pour laquelle il me semble que je suis né. — Le barreau, la guerre, n'est-ce pas toujours des combats ? Je pars donc en ballon, et au revoir, ou à bientôt de mes nouvelles. Si je me nomme ministre de la guerre, je vous en préviendrai.

7me TABLEAU.

Délégation de Tours.

DANS LA RUE.

Bulletin du 12 octobre 1870. — « C'est avec
» une indicible joie que je vous apprends la sortie
» simultanée, par tous les points à la fois, de l'hé-
» roïque garnison de notre immortel Paris. Elle
» s'est emparée d'abord des positions qui sont la
» clé de la défense ; mais la nuit est venue....

Un premier monsieur (lisant). — Connu les bulletins ; je sais le reste par cœur : l'ennemi a reçu
des renforts ; les positions ont été évacuées (lisez)
nous avons été battus. C'est toujours la même
chose.

Suite du bulletin. — « Nos pertes sont impor-
» tantes ; celles de l'ennemi sont considérables,
» Vive la république une et indivisible ! Signé : Gam-
» betta. »

Deuxième monsieur. — Ces farceurs-là ont le talent de ne rien faire, et de parler pour ne rien
dire.

Troisième monsieur. — C'est la quatrième ou
cinquième fois qu'ils font de ces sorties à Paris. Et
cependant, depuis le début du siége, l'ennemi est
maître de Montretout ; c'est de là qu'il brûlera
Paris. C'est se faire une étrange illusion que de
croire qu'il s'en fera scrupule ; et ça été une faute
capitale de n'avoir pu ou su, dès le premier jour, le
défendre contre l'ennemi. Je blâme encore plus la
presse que la défense ; son attitude depuis tous nos
malheurs est digne de la réprobation universelle ;

elle excite les esprits au lieu de les calmer. Les journaux ont su profiter des leçons de Basile.

Un crieur. — Bulletin de la guerre ! Dépêche officielle signée Gambetta.

Un homme en blouse. — C'est tout des blagues. On dirait qu'ils s'entendent avec l'ennemi pour nous tromper et nous endormir, soi-disant que nous avons toujours l'avantage et que nous reculons toujours.

Une femme. — N' m'en parlez pas ; c'est une pitié.

Concert de mères. — C'est bien la peine, allez, de nous enlever nos enfants et de ruiner la France. Encore s'ils étaient nourris !... Encore s'ils étaient vêtus !... Encore s'ils étaient armés !... Encore s'ils mouraient au feu, et non de misère et de maladies !...

Chœur.— Pauvre France !... Encore s'ils étaient moraux et instruits !

—

CABINET DU DICTATEUR.

Le dictateur. — Me voici donc ministre de la guerre ; c'est bien. J'ai déjà brisé je ne sais combien de généraux qui n'avaient pas le sens républicain, et j'ai dû les déclarer lâches, traîtres ou incapables. C'est fort bien. J'ai fait une stratégie magnifique ; j'ai fait faire à nos jeunes soldats des marches et contre-marches incompréhensibles pour tout le monde, mais surtout pour l'intendance que j'ai voulu dérouter, parce qu'elle me gêne avec ses traditions bureaucratiques ; nos soldats n'en ont pas été mieux, au contraire ; mais ils sont bien dépaysés à cette heure, et s'ils comptaient sur l'influence pernicieuse du foyer et du terroir, ils se sont étrangement trompés. Tout cela c'est fort bien. J'ai trois armées qui, de loin, ont l'air de quelque chose ; c'est très-bien. J'ai partout institué des camps communaux, cantonnaux, arrondissementaux, départementaux et régionaux, avec des présidents civils ; c'est superbe.

Mais, ce n'est pas tout ! Il faut penser à nos petites affaires ; ce n'est pas pour échouer au port que j'ai assumé la dictature et entrepris la régénération de la France. Je ne ferai pas comme Bazaine, je ferai de la politique et je réussirai.

La France est abattue, humiliée, prosternée; c'est le moment de lui inoculer la force et la vertu républicaine pour la relever et la sauver ; car il ne faut pour la sauver que la force et la vertu. C'est ainsi que si d'un côté je néglige l'élément militaire qui réside en moi en vertu de ma personnalité hybride, de l'autre je sers cependant les intérêts de la défense nationale.

D'ailleurs, je l'ai dit si souvent que je commence à le croire : les principes avant le pays, et la république avant les principes. J'ai de bons préfets en portefeuille, à Marseille, Esquiros ou Gent au besoin ; à Toulouse, Duportal ; à Agen, mon collègue Audoy. — Ce qu'il y a de commode avec ces avocats, c'est que, comme les œufs, ils sont bons à toutes les sauces. — A Bordeaux, Allain-Targé ; à Mont-de-Marsan, Maze ; etc., etc. Ils sont bien un peu brutaux, mais presque toujours cette rudesse est le signe d'une belle âme ; ils feront bien quelques arrestations illégales, quelques passe-droit arbitraires, mais ce sera toujours au profit de notre sainte cause ; ils sauront bien donner au suffrage universel, s'il est appelé à se prononcer, quelques crocs en jambe et continuer sous un autre nom et et avec d'autres formes le système des influences électorales et des candidatures officielles ; mais qui veut la fin veut les moyens, et il n'y a pas moyen de gouverner sans cela.

Rédigeons donc nos actes en ce sens, et donnons le mot d'ordre à ces journaux si dévoués, le *Siècle*, la *Gironde*, qui nous offrent la plus précieuse des collaborations.

Crieur (dehors). — Dépêche officielle signée Gambetta.

« …. Nous reprenons partout l'offensive ; notre » brave armée d'Orléans a dû céder à cause d'une » panique , mais elle n'est pas entamée ; elle n'a » perdu ni un homme ni un canon…. » (Lisez *elle est en pleine déroute*). « Elle opère sa retraite dans » le plus grand ordre. »

(Dépêche prussienne) : *Nous avons fait jusqu'ici sur l'armée de la Loire, depuis huit jours, 16,000 prisonniers.*

« Mais pour des motifs stratégiques (lisez : *parce* » *qu'elle a été coupée*), l'armée de la Loire sera, » à partir de ce jour, divisée en deux armées dis- » tinctes. D'ailleurs, nos pertes sont importantes, » celles de l'ennemi sont considérables, etc. Signé : » Gambetta

Crieur. — Dépêche officielle signée Gambetta.

« Faidherbe dans le Nord, Bourbaki dans l'Est, » aidé par le tenace patriarche Garibaldi, conti- » nuent leurs succès… Voici en effet ce que me

» mande le premier : — « Je tiens tant que je puis,
» et j'espère tenir ; mais l'ennemi masse devant
» moi des forces considérables ; j'espère les refou-
» ler et garder mes positions ; nos pertes sont im-
» portantes, mais celles de l'ennemi sont plus con-
» sidérables. »

M. Prudhomme. — De notre temps, madame
Prudhomme, on disait menteur comme un bulletin.

« A la faveur de la nuit j'ai dû, en face des nou-
» veaux renforts reçus par l'ennemi, me replier
» sur..... (lisez : *je bats en retraite*). » — Autre
» dépêche du second : « Je tiens tant que je puis;
» l'ennemi masse devant nous des forces considéra-
» bles ; j'espère le refouler, etc., etc. » Vous voyez
» que la situation s'améliore. Vive la République
» une et indivisible! Signé : Gambetta. »

Le dictateur (dans son cabinet de travail).— Encore battus ! Dans le Nord et dans l'Est n'avoir pas
su écraser ces gredins d'Allemands! Ce sont donc
des traîtres et des lâches, eux aussi ? Je n'ose pas
le leur dire comme à Aurelles de Paladines ; d'a-
bord parce que je n'en suis pas sûr ; et, avant de
clouer quelqu'un au pilori de l'histoire, il faut être
plus que sûr de ce qu'on dit. Moi je serais désolé
que l'histoire me jugeât légèrement, et dit que je
n'ai pas été un grand ministre de la guerre et de
l'intérieur, et j'y réussirai... si l'on me laisse répu-
blicaniser le pays tout entier, voire même les Prussiens. Mais ces défaites, ces défaites constantes ! Il
y a donc une Providence, et tout ceci ne serait-il
qu'un châtiment !.

8me TABLEAU.

Enlèvement des blessés. Enterrement des morts.

AUX AVANT-POSTES. — JANVIER 1871.

Le clairon. — Tra tira, tira, tira, tra ! — Tra, tira tira tira, tra !

Le poste avancé. — Eh ! là-bas... entendez-vous ? Aux armes !

Sentinelle. — Qui vive ?

Les visiteurs. — France.

Sergent. — Avancez à l'ordre. (On voit s'avancer une file de Frères.)

Pacaud. — Tiens, Dumanet, v'là les Frères quatre-bras ; viens t'en voir.

Le supérieur des Frères.. — Je voudrais parler au chef du poste.

Dumanet. — Ça, c'est des corbeaux qui sentent la charogne ; bien sûr que ça nous portera malheur.

Un officier. — Votre laissez-passer... C'est bien ; il est en règle. Que voulez-vous ?

Le supérieur. — Emmener vos blessés à l'ambulance et enterrer vos morts.

Un sergent. — Tiens, à quel corps d'infirmiers que vous appartenez donc, vous autres ?

Un Frère. — Nous sommes Frères de la doctrine chrétienne ; nous enseignons les enfants du peuple, et aujourd'hui que les écoles sont fermées, nous venons tâcher de nous rendre utiles.

Un soldat (dans un groupe). — Vois-tu, là-bas, Eustache, ça n'a pas de quoi manger dans Paris, et ça vient toucher sa ration. Non d'un chien! avec ça qu'ils nous en donnent de reste ; mais vois donc là-bas, ils arrivent toujours ; que de robes noires ! ils sont au moins deux cents ; sur cette neige, on dirait des mouches dans du lait.

Un soldat. — Bien sûr que c'est des curés de Paris qui s'ensauvent.

L'officier. — Quand vous voudrez, chers Frères ; le piquet vous attend.

Un soldat. — En voilà qui n'ont pas froid avec leurs manteaux.

Le supérieur. — Frères Côme, Eustache, Onésippe et Savinien, prenez la tête des colonnes, et faites la répartition du travail, à gauche, avec vingt-quatre hommes et six brancards pour l'ambulance; vous, frères Gatien, Philogone, Zéphyrin et Septime, suivez à droite, avec dix hommes, les civières et les boîtes à médicaments ; que le reste me suive vers le champ de bataille.

Les Frères. — Oui, cher Frère. .

Le canon. — Boum! boum!

Le supérieur (à un soldat). — Vous allez nous guider, mon cher ami, vers l'endroit où il y a le plus de blessés, s'il vous plaît.

Le soldat. — Ma foi, vous n'avez qu'à suivre ce sentier; tant plus que ça gronde, tant plus que vous en trouverez, c'est ben sûr. Les plaintes et les gémissements vous guideront, du reste ; quant aux morts, les corbeaux les signaleront.

Frère Eustache. — Ah ! je suis blessé !... Sainte Vierge, ayez pitié de moi. (Il tombe.) Mon Dieu!... mon Dieu !

Frère Côme. — Qu'est-ce, cher Frère ? Grand

Dieu, une balle dans la poitrine ; au secours, au secours, par ici deux Frères !

Frère Eustache. — Oh ! non, allez au plus pressé ; laissez-moi ; plus tard, au retour, vous me reprendrez.

Les Frères. — Vous ne pouvez rester ici. (Ils l'emmènent.)

Le supérieur (aux Frères). — Vous vous reposerez et vous mangerez votre pain avant de repartir, si nous avons le temps et si tous les autres en ont.

Un soldat blessé. — Ah ! chers Frères, venez à mon aide ; je suis tombé ici depuis hier avec une jambe cassée. Depuis hier, j'appelle la mort pour finir mes souffrances.

Le Frère Gatien. — Du courage, mon frère, vous vivrez encore s'il plaît à Dieu ; buvez une goutte·(à part) il va mourir !... Je suis seul ici, pas de brancard. Soulevez-vous sur vos mains, mon frère, que j'essaie de vous charger sur mon dos.

Le blessé. —Merci, cher Frère, que Dieu vous le paie ; si je meurs, voici mon nom, mon adresse; faites remettre ce petit paquet à ma pauvre vieille mère, et si vous pouvez, écrivez-lui que je suis mort en chrétien, sans vous commander.

(Le Frère le charge sur son dos et l'emmène).

Pacaud. — Tiens, Dumanet, en voici un qui revient avec sa charge.

Dumanet. —Toi qui disais que c'étaient des propre-à-rien ; tu vois bien qu'il rapporte un des camarades, et sur son dos encore ; brave quatre-bras! c'est un bon b... tout de même.

Le clairon. — Trarira trarira, trarira tra! trarira, trarira, trarira tra !

La sentinelle. — Encore ! qui vive ?

Le sergent. — Qu'est ce qu'on nous sonne encore là !

L'officier. — C'est la corvée pour accompagner les Frères enterrer les morts.

Le sergent. — Mais c'est que ça chauffe là-bas, comme si que ces brutes de Prussiens ne sauraient pas qu'il y a une *amnistie* pour enterrer les morts.

(Arrive une autre file de Frères avec des corbillards).

Le supérieur. — Monsieur l'officier, nous suffirons à la besogne, s'il plaît à Dieu.

L'officier. — Eh bien, mes Frères, allez en avant; sous ces arbres, il y a les corps de trois ou quatre cents des nôtres qui depuis deux jours attendent la sépulture ; que Dieu vous soit en aide; votre dévouement est sublime, et cependant vous n'attendez aucune récompense ici bas. — Mais qui me rapportez-vous ici ?

Frère Gatien. — C'est un brave soldat blessé depuis deux jours et qui vient de rendre l'âme. J'emporte un souvenir qu'il envoie à sa vieille mère, c'est un scapulaire.

L'officier. — C'est un scapulaire ? à quoi cela sert-il ? qu'est-ce que c'est?

Frère Gatien. — C'est un chiffon d'étoffe, ce n'est rien, mais c'est beaucoup ; il faut savoir le porter, il faut vouloir le porter. Et quand on a le courage de braver la plaisanterie et les sarcasmes, l'on est prêt à tout. C'est une livrée, c'est un emblême, c'est un signe de ralliement. Qu'est-ce qu'un drapeau, sinon un lambeau d'étoffe ? quelle vertu a-t-il par lui-même ? Aucune ; et cependant, vous voulez tous mourir pour lui. Nous aussi nous sommes soldats, et nous avons notre drapeau, nos chefs et notre discipline.

L'officier. — Vos observations sont excessivement justes, et je ne les oublierai pas. Au revoir, cher Frère, et merci.

———

Mais la triste besogne est terminée. Un Frère a été tué, deux autres blessés, en accomplissant leur triste devoir. Le supérieur donne le signal du retour. Et bientôt les Frères, les blessés sur des brancards ou des cacolets, les morts sur des civières ou des corbillards, toute la lugubre procession s'avance en long cordon noir pour entrer dans la ville des plaisirs.

Le poste, par ordre de l'officier, bat aux champs et présente les armes ; car ceux-là aussi sont soldats ; ils ont les vertus des vrais soldats : dévouement, abnégation, sacrifice, amour du devoir et surtout, foi, espérance et charité.

Et le lendemain, pour se reposer, ils reprennent la tâche ingrate d'enseigner les enfants du peuple.

9ᵐᵉ TABLEAU.

Le Service funèbre.

Le bourdon. — Bom ! Bom ! Bom !

Le tambour. — Rantanplan, rantanplan, rantanplan.

Le commandant. — Garde à vous ; portez.... armes ! Reposez vos... armes !

Edouard. — Dis-donc, papa, c'est bien beau ici; toutes ces lumières, toutes ces tentures noires ; mais c'est bien triste.

Les chantres. — *Requiem*, etc.

Un voyou. — Tiens, Polite, les Quatre-Bras qui se placent dans le chœur, pas plus que ça de gêne; il n'y en a que pour eux autres ; tas de propre-à-rien ; on ferait mieux de les envoyer au feu. Ça gagne facilement son argent.

Les quêteuses. — Pour les pauvres, s'il vous plaît. Pour les blessés.

Noireau. — J'ai mon fils chez eux, rapport à sa mère. Ça c'est bon pour les parents des morts, et ça se conçoit que quand on meurt, c'est connu qu'il faut aller à l'église ; mais, au nom de la liberté, les autres doivent rester chez eux.

Le fils Prudhomme. — Papa, c'est-y en argent tous ces chandeliers et ces têtes de mort ?

Prudhomme. — Mon fils, ce n'est qu'un simulacre, une vaine apparence; et, comme disait le grand Bossuet : Des tentures, des flambeaux, vains restes de ce qui n'est plus, etc.

Un quêteur. — Pour les âmes du purgatoire, s'il vous plaît !

Une fille. — Dites donc, si vous faisiez attention à vous, vous.

Un gandin. — Faut pas te faire de bile, ma belle, et avoir ta queue moins longue et ne pas sentir le musc.

La fille. — L'insolent !

Mme Gros. — Dire qu'on ne peut pas être en repos dans cette église. Voyons, Mathilde, ne te balance pas sur ta chaise ; tu me portes sur les nerfs et tu me donnes des distractions.

Les chantres. — *Kyrie, eleison.*

Mme Gros (à part). — Voici madame Comtois ; comment fait-elle cette femme pour porter des toilettes semblables ? On sait ce que gagne son mari ; si c'est pas une pitié ! Si celui qui fournit est riche, ça s'explique ; mais on le dit ladre. — Vas-tu te taire, Mathilde ; je ne peux pas prier Dieu ; je te ramène à la maison.

M. Gros (à ses voisins). — Avez-vous vu ma femme ? elle n'en manque pas une. Moi je ne viens pas ici par dévotion ; je ne suis pas irréligieux non plus ; mais ça m'est égal. Toutefois, je ne suis pas partisan de tout cet appareil extérieur. (A part) Tiens ! voilà Fanny qui a donné sans doute rendez-vous ici à Charles.

Un officier. — Reposez vos... armes !

Une bonne. —Voyez-vous, mademoiselle, ne dites pas à votre mère que je vous ai menée ici ; ne lui dites jamais rien à votre mère ; autrement je lui dirai que ce militaire d'hier vous a donné des bonbons dans ma cuisine ; vous savez qu'elle ne veut pas que vous mangiez entre vos repas.

Un pioupiou (voyant Julie, de la tête). — C'est pas malheureux ! à tantôt, hein !

Julie (de la tête) — Non, demain. (Haut.) Mademoiselle, à c'te heure que nous avons prié Dieu, nous allons rentrer bien sagement, parce que je n'aime pas à parler à l'église, comme voilà Madelaine qui est une grande bavarde.

L'officier. — Portez... armes !

Le bourdon. — Bom ! Bom ! Bom !

Un Monsieur. — Dieu que ça sent mauvais ! toute cette buffleterie, cette crasse, ces sueurs combinées avec l'odeur de l'encens, font pour moi de l'église un séjour pénible. Ça y sent toujours le mort, même dans les sacristies

Deuxième Monsieur. — Oui, c'est une odeur *sui generis* ; mais dans une occasion aussi solennelle, l'on ne peut se refuser à rendre les derniers devoirs (lisez : *flâner une heure)* à des braves dignes d'un meilleur sort ; car il faut l'avouer, nous sommes bien éprouvés ! et la rente baisse, baisse....

Les chantres. — *Dies iræ, dies illa, etc.*

(Chœur). — Jour de colère où l'univers sera réduit en cendres etc.

Le petit Prudhomme. — Tu sais le latin, papa, qu'est-ce qu'ils disent ?

Une fiancée (pleurant dans ses mains). — Je l'ai perdu ! Dieu, soyez-lui propice ; recevez-le dans votre sein ; ne plus le revoir, lui si beau, si bon, si loyal ; vous l'avez appelé, appelez-moi aussi ; je ne veux plus vivre sans lui.

Les chantres. — *Tuba mirum spargens sonum.*
Per sepulcra régionum.
Coget omnes ante thronum.

(Le chœur). — La trompette effrayante, du fond des tombeaux, rassemblera les morts devant le tribunal.

Une mère (pleurant). — Je t'ai perdu mon pauvre enfant, loin d'ici, misérablement, dans une ambulance ; je ne puis même pleurer sur tes tristes restes. Où es-tu ? Peut-être as-tu froid, et je ne puis te réchauffer ! — Mon Dieu, que votre volonté soit faite.

Une dame. — Je m'en vais, car je n'ai pas mes deux chaises d'habitude.

Les chantres. — *Liber scriptus proferatur, etc.*

(Le chœur). — On présentera un livre dans lequel sera contenu tout ce qui donnera lieu à juger le monde.

M. Prudhomme. — Il y a des gens qui viennent dans ce saint lieu pour étaler leurs toilettes et déchirer leur prochain. Feu mon père réprouvait fort ce genre, et disait avec raison qu'exciter les sens par des attifements luxueux et mondains n'a rien de commun avec le recueillement que réclame le service de Dieu. Qu'ils méditent le chant admirable que nous entendons.

Une jeune personne. — Où trouver le repos maintenant ? Il m'a trompée, il est parti, il est mort ! et moi, moi grand Dieu, comment réparer ma faute ! Ma pauvre mère en mourra ! (elle sanglotte).

Prudhomme. — Jeune fille, votre douleur part d'un bon naturel, si vous pleurez l'un de ceux dont nous célébrons aujourd'hui les obsèques ; je n'ai jamais fait la guerre, mais si j'étais parti, Mme Prudhomme n'aurait pas manqué de garder mon souvenir intact dans son cœur.

Les chantres. — *Quid sum miser tum dicturus, etc.*

(Chœur). — Que dirai-je alors, malheureux ? quel protecteur invoquerai-je, quand à peine le juste sera rassuré.

Le fils Prudhomme. — Qu'est ce qu'il disent donc à c't'heure ?

M. Prudhomme. — Je ne puis t'en faire le résumé ici, mais....

Le bourdon. — Bom ! bom ! bom !

L'officier. — Portez... armes !

M. Prudhomme. — Est-ce qu'on va tirer ?

Un Monsieur. — Ah ! celui-là n'était pas prévu. Il va falloir avaler leur sermon ; encore si je pouvais sortir !

L'officier. — Reposez vos... armes !

Le curé (en chaire). — Vous, qu'un devoir douloureux réunit autour de ces tombes encore béantes, venez vous instruire aux leçons de la mort. Vous pleurez ces jeunes victimes du devoir, trahies, vous le croyez, par la seule fortune ! Qu'a-t-il manqué à ces glorieux vaincus ? La foi dans le succès, l'amour de la patrie, la confiance en Dieu, c'est-à-dire une éducation plus virile et plus morale. Vous pleurez ces tristes restes ! Mais dans quel milieu ont-ils vécu ; et quel compte n'aurez-vous pas à rendre, vous tous qui êtes les premiers auteurs de nos maux ! Eux ont tant souffert que Dieu leur sera propice ; eux seront heureux, et vous, vous continuerez à pleurer vos illusions ; vous croyez, parce qu'ils étaient jeunes et forts, qu'ils avaient fait un bail avec la mort ! Tous, chers enfants, vous êtes moissonnés dans la fleur de l'âge, enlevés à l'affection de vos mères, à l'espoir de votre patrie. Oui, Dieu vous sera miséricordieux ; parce que vous avez beaucoup souffert, il vous sera beaucoup pardonné : souffert de cette première séparation de la maison paternelle, souffert de cette obéissance passive, nécessaire au vrai soldat ; souffert de cette vie dure où, sans préparation, vous avez été subitement plongés ; souffert des vices et des blasphèmes de beaucoup de vos compagnons ;

souffert de l'insuccès de vos efforts, des fautes accumulées autour de vous, des maux de la patrie, du coup qui vous a frappés, de la maladie qui vous a torturé dans les hôpitaux ou les ambulances ; souffert de ne pouvoir embrasser avant de mourir tant d'êtres qui vous étaient chers et qui n'ont pu fermer vos yeux. Mais, à votre dernier moment, vous avez élevé vos cœurs vers Dieu, et le sentiment du devoir accompli en a adouci l'amertume. Le devoir ! Il faut l'accomplir, toujours, coûte que coûte ; c'est pour ne l'avoir pas fait que la France se tord dans les convulsions de la guerre étrangère; c'est pour ne l'avoir pas fait que la guerre civile menace de vous faire tressaillir dans votre tombe, heureux de n'en pas être les témoins. Le devoir seul sauvera la France ; et, si nous avons à pleurer, pleurons sur ceux qui ne feront pas leur devoir. Pleurons aussi sur la France qui est coupable et qui ne veut pas se frapper la poitrine ; pleurons sur ses malheurs trop mérités...

Mme *Prudhomme.* — Joseph, voici le *Sanctus ;* à genoux !

Les chantres. — *Sanctus, Sanctus, Sanctus.*

M. Prudhomme. — Je vous dirai, madame Prudhomme, que l'exercice inconsidéré que je viens de faire réclame le *statu quo*, et que je ne me trouve plus aujourd'hui à un âge, hélas ! loin de nous, où je puisse persister des heures entières dans la posture actuelle sans que mon estomac se creuse incommensurablement.

Mme *Prudhomme.* — Joseph, vous plairait-il un quartier d'orange ?

M. Prudhomme. — Madame, gardez vos offres séduisantes pour une autre occasion ; l'église est un lieu où l'on ne doit se livrer ni au boire ni au manger. Savoir s'en priver nous distingue des autres animaux que Dieu (à l'opposé de l'homme qui a la tête haute) a créés la tête penchée vers la terre, centre de nos appétits matériels. — Mais, mon fils, la morve vous coule du nez.

Le petit Prudhomme. — Mais, papa, voilà qu'on me vole mon mouchoir dans la poche.

M. Prudhomme. — Taisez-vous, et n'ébruitez pas une telle mésaventure ; vous feriez croire que l'église, au lieu d'être une maison de prières, est une caverne de voleurs.

Le petit Prudhomme. — Oui, mais je peux pas me moucher avec les doigts, na.

M. Prudhomme. — Il est étonnant que vous ne puissiez pas retenir un instant le moindre besoin ; faites comme moi.

La quêteuse. — Pour les pauvres, s'il vous plaît!

Une dame. — Allons, voilà la bousculade qui va commencer. Pour être à son aise, il faudrait arriver après le commencement et sortir avant la fin.

L'officier. — Garde à vous, peloton, demi-tour, à droite et à gauche, en avant marche. — Ran plan plan.

(Chœur.) — Et dire qu'il n'y a pas de religion dans nos grandes villes ! (Le monde s'écoule.)

10ᵐᵉ TABLEAU.

Un Ange.

C'est le 6 février 1871, à B*** dans le pays de Gex, par 19 degrès de froid. La lune couvre de ses reflets argentés les cîmes des premiers contreforts des Alpes, tandis que dans les gorges les noirs sapins ajoutent à l'obscurité.

Notre armée de l'Est, coupée, cernée par l'ennemi, et victime d'une fausse interprétation des clauses de l'armistice, impitoyablement exploitée contre nous par le redoutable chancelier, est en pleine défaite.

C'est la cinquième fois depuis le 15 juillet 1870 qu'une armée française offre le navrant spectacle de la déroute ; débris de bataillons sans chefs, sans ordre, artillerie, infanterie, cavalerie, charriots, bagages, tout pêle-mêle, confondu, obéissant à l'instinct de leur conservation, 80,000 hommes s'efforcent de franchir la frontière et de se jeter en Suisse. Déjà les noirs anneaux de cette chaîne humaine se détachent sur le linceul qui recouvre le paysage. Epuisés de faim de fatigue, malades, blessés, mal vêtus, mal chaussés, il leur reste 20 kilomètres avant d'être en sûreté sur le sol hospitalier.

Cependant la nuit est arrivée ; la lune vacillante changeant toutes les conditions de la perspective, prête à tous les objets une forme fantastique, et fait perdre le sentiment des distances. A droite et à gauche, la neige amoncelée masque les précipices d'où émergent les cîmes aigües des sapins. En ar-

rière, la route est marquée par le sang des blessés
et les cadavres des hommes et des animaux. Mais,
en avant, rien que l'immensité, sans jalons ni points
de repère. Déjà un premier détachement se présente à l'entrée du hameau de B***.

A la même heure, une autre scène se passe dans
un chalet de simple apparence, mais où tout res-
pire une honnête aisance.

Près d'une femme âgée, une jeune fille blonde
comme les épis, aux yeux bleus comme les bleuets,
assise auprès d'un guéridon, travaille pour les blessés de nos armées à la lueur d'une lampe. Telle
était Marguerite avant d'avoir connu Faust.

Le chien aboie et malgré les caresses de Marguerite, insiste et dénonce l'approche de gens
étrangers.

Tout à coup, le pas lourd et mat d'une troupe se
fait entendre ; mais rien qui annonce la régularité et
l'ensemble.

— Mademoiselle, ah ! mademoiselle, s'écrie la fidèle servante, qu'allons-nous devenir ? Voici la cour
qui se remplit de soldats, sales et déguenillés ; il y en
a partout, partout. Ils demandent après les gens
de la maison.

Les soldats. — Pardon, mademoiselle, l'ennemi
nous poursuit sans trêve ni merci, et nos pieds en-
doloris refusent de nous porter.

Marguerite. — Entrez, mes braves... reposez vos
membres fatigués.

Les soldats. — Merci, mademoiselle, mais nous
marchons depuis hier, sans boire et sans manger.

Marguerite. — Pauvres gens ! Ma mère et moi

nous partagerons de grand cœur ce que nous avons au logis.

Les soldats. — Dieu vous bénira, mademoiselle ; mais si nous pouvions avoir du linge pour panser nos blessés, ils pourraient nous suivre, et se soustraire aux balles de l'ennemi.

Marguerite. — Tenez, mes amis, voici des mouchoirs, voici des chemises. Puis la jeune fille, préparant des compresses, s'agenouille devant les plus souffrant et panse leurs blessures, donnant un double prix à ces soins répugnants, et témoignant par son doux sourire qu'elle est forte contre toutes les peines, préparée pour tous les courages.

Les soldats. — Vous êtes un ange, mademoiselle. Cependant, une autre faveur, la dernière ; nous voulons partir, car l'ennemi est sur nos pas, et nous ne savons pas la route ; au nom de Dieu, donnez-nous un guide.

Marguerite. — Je ne vous abandonnerai pas, mes amis ; hâtons-nous, les rafales augmentent, Dieu nous protégera tous ; je vous guiderai par les sentiers de la montagne, jusqu'à ce que vous soyez en sûreté.

Un vétéran. — N'auras-tu pas peur au milieu de nous, ma pauvre enfant ?

Marguerite. — Peur de quoi ? peur de qui ? je n'ai fait de mal à personne ; qui voudrait me nuire ? j'ai un frère sous les drapeaux, qui s'est toujours conduit en homme de cœur. Hâtons-nous, le temps menace.

Le vétéran. — Et toute seule au retour ?

Marguerite. — Dieu ne sera-t-il pas avec moi ? Et à la tête du détachement, de son pied léger qui effleure à peine la neige, la jeune fille, sans calculer l'heure ni la distance, les guide à travers les précipices, l'âme oppressée, mais le cœur satisfait.

Les soldats. — Merci, mademoiselle Marguerite, merci, vous êtes un ange, au revoir, Dieu vous le rende ! !

Et ces hommes endurcis par tant de souffrances, se précipitent sur les mains de Marguerite qu'ils arrosent de larmes qui tombent de leurs joues bronzées.

Marguerite. — Au revoir, mes braves, au revoir mes amis, adieu ! Et la jeune fille effrayée de son isolement, fait le signe de la croix, pense à sa mère, et redescend la montagne heureuse d'avoir fait son devoir.

Les échos répétaient toujours ce cri de bénédiction :

« Merci, mademoiselle Marguerite, merci, au revoir, que Dieu vous le rende ! »

Mais le détachement était sauvé.

Elle arrive enfin après minuit, accompagnée de son chien fidèle qui courait à sa recherche.

Sa vieille mère priait devant son crucifix pour elle et aussi pour son fils. Elle rentre, il était temps, ses forces trahissaient son courage ; ses pieds ensanglantés par les aspérités de la glace n'auraient pu la porter plus longtemps.

— Ma fille bien aimée, lui dit sa mère, oui Dieu te bénira ! et Marguerite se livre au sommeil entre les bras de Dieu.

11me TABLEAU.

L'Ambulance.

Il fait nuit : — Une vaste baraque de planches mal jointes sert d'hôpital de campagne. — Pour sol, la terre battue. — Une lampe fumeuse se balance suspendue aux chevrons, et promène des ombres fantastiques sur les parois. — Une atmosphère chargée d'émanations pudrides.

Sur deux rangées de mauvais grabats gîsent les plus grièvements atteints. — Ça et là des formes non équivoques dissimulées sous les linceuls qui remontent jusque par-dessus la tête du lit. — Les moins malades reposent sur la paille. — A l'une des extrémités, un prêtre en prières devant un crucifix. — Ça et là des aides, des infirmiers revêtus de longs tabliers maculés, vont et viennent d'un air blasé. — De temps en temps, des soupirs, des plaintes étouffées, quelques cris aigus, et la bise sifflant à travers les joints. — Au milieu, une table et des instruments de chirurgie.

Un visiteur (à part, en entrant). — Ici, pour Dieu seul les hommes sont quelque chose, parce qu'ils ont une âme. Pour la science moderne, ce ne sont que des numéros, des cas, des sujets, dignes tout au plus d'occuper une place à côté des quadrumanes vertébrés.

Un infirmier. — Vous demandez quelqu'un ?

Le visiteur. — Je désire savoir si M. B... est parmi les blessés recueillis dans cette ambulance.

L'infirmier. — Voyez les lits, Monsieur, j'ignore les noms.

Le visiteur (cherchant). — Mais voici deux malheureux qui viennent de rendre le dernier soupir. Les laissez-vous ainsi?

L'infirmier. — Oh! non; nous les recouvrons d'un drap à seule fin que le major ne leur tâte plus le pouls, et aussi à cause des voisins de lit.

Un blessé, N° 1. — Aïe, aïe; que je souffre! que je souffre!

L'infirmier. — C'est-y vous qui a eu la jambe coupée hier?

Le blessé N° 1. — Non, moi j'ai reçu un éclat d'obus dans les reins.

L'infirmier. — Alors, attendez votre tour.

Le N° 2. — Ne pas fermer l'œil de nuit ni de jour, avec tous ces bruits, ces conversations, c'est affreux...

L'infirmier. — Voilà le délire qui le reprend. (Bas) Heureusement que ça sera bientôt fini.

Le visiteur (après avoir cherché). — Je ne puis trouver celui que je cherche; puis-je parler au major de service?

L'infirmier. — Il finit une petite désarticulation, il sera à vous à l'instant.

Le visiteur. — Faut-il donc tant couper, tant tailler? et avec un peu de patience...

L'infirmier. — Oui, avec la patience et les soins, l'on éviterait bien les deux tiers des opérations; mais tout cela c'est du temps, et le temps nous manque.

Le prêtre. — Ah! Monsieur, si toutes les douleurs physiques et morales qui s'exhalent de ce triste séjour étaient exprimées dans un calice et offertes à Dieu, elles désarmeraient le courroux céleste.

Le visiteur. — Monsieur l'abbé, vous-même, vous devez bien souffrir de ce contact et de ce spectacle.

Le prêtre. — C'est mon devoir ; et je ne puis dans d'autres conditions être utile à mon malheureux pays.

L'infirmier. — Major, les Nᵒˢ 17 et 21 viennent de mourir.

Le major. — C'est bien, vous les ferez enlever pour faire de la place. Le Nᵒ 4 a la fièvre chaude, vous le ferez attacher, et le Nᵒ 9 va avoir le tétanos. — Tous deux vont mourir ; Monsieur l'abbé, c'est à votre tour de leur offrir votre ministère.

Le Nᵒ 8. — A boire, j'étouffe !

Le Nᵒ 20. — J'ai froid.

Deuxième infirmier. — Il n'y a plus de couvertures ; vous êtes exigeant ; vous aurez de la tisane.

Le major. — Vite des sangsues, des sinapismes, des compresses.

Un aide. — Il n'y a ni sangsues, ni farine de moutarde, major. On a couru en chercher, mais le bourg est à six kilomètres ; il fait nuit, et vous savez... la glace, la neige...

Le major. — Alors elles sont inutiles.

Le Nᵒ 8. — Ma bonne mère, ne te verrai-je plus ?

L'abbé. — Eh bien ! mon pauvre ami, vous pensez à votre mère ; elle aussi pense à vous, je le sais.

Le Nᵒ 8. — Bien sûr, Monsieur l'abbé ?

L'abbé. — Bien sûr.

Le N⁰ 8. — Je voudrais l'embrasser avant de mourir ; le pourrai-je ?

L'abbé.— S'il plaît à Dieu, vous ne mourrez pas. Aimez-vous le bon Dieu ?

Le N⁰ 8. — Vous savez, je n'ai jamais quitté ma mère ; j'ai dix-huit ans ; j'ai cru ce que nous disait le vieux curé, et je n'ai pas encore oublié le bon Dieu.

Le visiteur. — D'où êtes-vous, s'il vous plaît ?

Le N⁰ 8. — De Z***. Je me nomme Charles B***.

Le visiteur. — Dieu soit loué ! c'est vous que je cherche.

Le N⁰ 8. — Ah ! et pourquoi ?

Le visiteur. — Pour vous emmener.

Le N⁰ 8. — Et je verrai ma mère ?

Le visiteur. — Sans doute.

L'abbé. — Mais vous savez, Monsieur, toutes les formalités... (Bas) D'ailleurs, il n'est pas transportable.

Le visiteur. — N'importe, la joie lui donnera de la force, (à part) ou adoucira ses derniers moments.

Premier infirmier. — Allons, petit, v'là le cataplasme.

Le N⁰ 8. — C'est pour l'autre, à côté.

L'infirmier. — Et comment le savez-vous ?

Le N⁰ 8. — J'ai entendu le major, quand il a fait sa tournée, dire : vous ferez un cataplasme pour le N⁰ 7 ; quant au N⁰ 8, il n'aura bientôt plus besoin de rien ; celui-là, c'est moi.

Le visiteur. — Eh bien ?

Le N° 8.— Eh bien ! j'ai compris ; mais ça m'est égal, si j'embrasse ma mère.

Le major.— Vite, deux aides ici; quatre hommes à recevoir les civières et à décharger les brancards; quatre autres à enlever les morts de cette salle. — Monsieur, votre serviteur, je vous quitte. Le devoir avant tout.

L'abbé. — Le N° 8 est réclamé par Monsieur ; peut-on l'emmener ?

Le major. — Sans aucun doute ; (bas) seulement il mourra en route.

Le N° 8. — Vais-je bientôt partir ? je sens que je m'en vais, et je voudrais voir ma mère.

L'abbé. — Priez Dieu, mon enfant, de vous donner du courage.

Le visiteur. — Quelle affreuse chose que la guerre !

L'abbé. — Sur le champ de bataille, affreux; ici, horrible.

Le N° 1. — Mon Dieu, que je souffre!

Le N° 2. — Le jour ne vient donc jamais; quelle nuit !

Le N° 4. — Vous ne m'attacherez pas, vous ne m'attacherez pas ; vous me fusillerez en face ; je ne suis pas un lâche, je ne ne suis pas un espion, je n'ai pas trahi. — Garde à vous, peloton !

Le major. — Laissez-le. — Vous ne bougerez pas de votre lit, soldat, bien vrai ?

Le N° 4. — Non, major. — Ran tan plan ! Ran tan plan.

L'abbé au N° 8. — Mon ami, pour vous donner la force d'entreprendre le voyage, je vais vous donner l'absolution ; puis vous partirez pour rejoindre votre mère.

Le N° 8. — Oui.... oui.... c'est bien vrai que je vais partir... on me portera... tenez-moi, tenez-moi... ma pauvre mère... quel chagrin pour elle... ah !! (il meurt pendant que le prêtre le tient embrassé).

L'infirmier. — Monsieur, les deux porteurs demandés sont là.

L'abbé. — Il est trop tard, il est mort dans mes bras. Dieu lui donne le repos éternel ; mais voici sur son cœur une médaille que sa mère lui remit au départ ; vous voudrez la lui rendre, Monsieur, et lui dire que son fils s'est conduit en brave et est mort en chrétien ; qu'il est au ciel parce qu'il a souffert et qu'il a fait son devoir.

Des voix. — M. l'abbé, M. l'abbé, par ici.

L'abbé. — J'y cours mes amis. (Il sort).

Le visiteur. — Quel homme ! sans mandat, sans titre, sans solde, sans honneurs, mal nourri, mal vêtu, toujours sur la brêche. Puisqu'il est au danger, bien sûr il sera à la récompense. (Au major) Monsieur, j'ai bien l'honneur.

Le major. — Bien votre serviteur, Monsieur, au revoir. Je vois que vous faites des études psychologiques, ceci est une grande école, un grand théâtre ; on y apprend beaucoup dans notre art, parce qu'on peut trancher largement ; qu'il faut se décider vite. Mais ce n'est pas gai ici.

Le visiteur. — L'abbé est un modèle de dévouement.

Le major. — Oui... oui... c'est un brave homme ; des idées un peu étroites.

Le visiteur. — Monsieur, en vous remerciant, votre serviteur.

Le major. — Je suis bien le vôtre de tout mon cœur.

Le visiteur (se retirant). — J'ai vu les deux docteurs, l'un qui apprend à vivre, l'autre qui apprend à mourir.

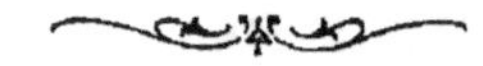

12ᵐᵉ TABLEAU.

L'Assemblée nationale. — Février 1871.

Le président. — La séance est ouverte. La parole est au gouvernement de la défense nationale.

Le gouvernement de la défense nationale. — Nous venons déposer aux pieds de la nation les pouvoirs que nous avons exercés en son nom.

Les représentants. — Avant de recevoir vos pouvoirs, veuillez nous dire qui vous les avait donnés et pourquoi vous les avez pris.

Vous les avez ramassés par terre, direz-vous ; l'histoire dira que vous les avez reçus d'une poignée d'énergumènes.

Du moins, quel usage en avez-vous fait ?

Vous avez fait verser des flots de sang, désorganisé tous les services, dépensé des millions, et cependant vous n'avez pas su former une armée, et bien moins arrêter le flot de l'invasion.

La discipline, elle-même, déjà si affaiblie, s'est perdue complètement au souffle de votre folie.

Insensés, qui avez continué ce rêve de faire de l'ordre avec du désordre !

Eh quoi! l'armée aux mains d'un avocat aurait été disciplinée? c'est l'esprit de révolte et d'orgueil qui fait les révolutions et l'indiscipline ; et l'on n'enseigne pas ce qu'on ignore soi-même.

Partout vous avez déconsidéré l'autorité et le commandement, et ce qui nous étonne, c'est que la foule de généraux que vous avez traités de lâches, de traîtres et d'incapables ne se lève pas pour vous confondre à son tour.

Ah ! il ne suffit pas pour diriger la guerre d'être jeune et présomptueux ! Il ne suffit pas pour être la justice d'être vieux et léger ! Il ne suffit pas pour être grand diplomate de jurer que *la France ne livrera ni un pouce de son territoire ni une pierre de ses forteresses.*

Il ne suffit pas pour être un grand homme de soutenir pendant quatre mois et demi un siége inutile qui n'a été ni un but, ni un moyen, et dont vous deviez prévoir l'issue fatale le jour où l'ennemi a pu prendre et garder la position qui était la clef de l'attaque ; vous le saviez, et pendant cette période douloureuse vous avez laissé Paris trompé par la province et la province par Paris, et vous proclamiez devant les ignorants que Paris ne pouvait être sérieusement bloqué, à plus forte raison assiégé. Si vous ne voulez pas que l'histoire soit inexorable pour vous, vous devez dégager cette inconnue, dévoiler ce mystère et expliquer comment 500,000 combattants n'ont pu percer 200,000 Prussiens. Il est temps que la lumière se fasse.

Il ne suffit pas de lancer décrets sur décrets et d'être agité soi-même pour exciter l'ardeur de soldats improvisés, mal nourris, mal vêtus, mal armés, et pour remplacer la confiance en leurs chefs, et la foi patriotique qui n'est qu'une forme de la foi religieuse.

De ce manque de soins matériels, fruit du désordre et de l'incurie, vous n'êtes pas seuls responsables.

Mais ces troupeaux d'hommes que vous appelez pompeusement nos armées, les avez-vous instruits ou exercés ?

N'est-il pas vrai que ces enfants étaient conduits au feu sans avoir brûlé une cartouche ? Que la plupart de nos officiers de nouvelle date ne prenaient pas leur tâche au sérieux, et contents d'inventer pour eux des costumes de théâtre, laissaient leurs hommes étaler partout, au grand scandale des populations, le désordre, la saleté et l'ivrognerie, fruits de l'oisiveté.

Que de souffrances n'avez-vous pas causées par cette précipitation qui a voulu remplacer la maturité et la méthode ; par cette suffisance qui vous a tenu lieu de savoir ?

Mais aussi que de ruines accumulées, que de familles en deuil !

Et pour quel résultat ?

De cela, vous êtes responsables. Vous avez brisé des généraux ; vous avez créé des généraux. Eh bien ! si ceux-ci, agissant sous vos ordres et par vos aspirations, ont, comme vos fonctionnaires de l'ordre civil, fait de notre France une seconde Babel, la faute en est à vous seuls, qui, à la suite de son épouvantable naufrage, avez pris à forfait le sauvetage de la patrie.

Vous avez cru nous payer de bonnes intentions !

Mais le choix de certains préfets incapables et outrecuidants ;

Mais vos décrets à la mode révolutionnaire, ridicules par le fond et par la forme, quand ils ne sont pas essentiellement illégaux, comment les justifier?

A cette patrie éplorée, dont la plus cruelle angoisse en son agonie est de voir endormies autour d'elle les nations qui lui doivent tout, lui avez-vous du moins ménagé des alliances ?

A la magistrature, avez-vous su conserver ce prestige et ce respect qui ont toujours fait sa force et notre honneur ?

Où sont vos instructions à vos procureurs généraux ? Vous deviez leur dire : « J'ignore la forme » de gouvernement qu'il plaira à la France de se » donner; mais de fait, la France étant rentrée en » possession d'elle-même, nous sommes en répu- » blique. Or, sous ce régime, à mesure que le cer- » cle des droits s'étend, celui des devoirs se res- » serre. Jamais la sévérité des mœurs, jamais le » respect de l'autorité légitime et de la liberté » d'autrui n'ont été aussi nécessaires ; vous redou- » blerez donc de rigueur et de sévérité pour pour- » suivre, atteindre et punir les crimes, les délits et » même les infractions. »

Au lieu de cela, par des décrets inconsidérés qui retomberont sur vous comme une honte, vous avez frappé la justice elle-même, en frappant ses membres que vous pouviez, s'ils sont coupables, déférer aux tribunaux.

Nous vous disons donc, au nom du pays, au nom des mères de famille : Qu'avez-vous fait de la France, qu'avez-vous fait de nos enfants ?

Nous n'avons rien marchandé avec vous, ni notre sang, ni notre or. — Rendez-nous en compte.

Ah ! les bonnes intentions ne suffisent pas.

Et d'ailleurs, les avez-vous eues ces bonnes intentions ?

Tenez, vous êtes incorrigibles ; c'est vous, toujours vous qui, avec de bonnes intentions, avez fait 1793, 1830, 1848.

Quoique un peu vieillis, nous vous reconnaissons.

Entre vos mains, la France est en perdition.

Ce n'est pas vous, brave et loyal, quoique impuissant défenseur de Paris, que ces reproches peuvent atteindre. Vous n'êtes pas de ceux qui, sans se préoccuper autrement du salut de la France, n'ont vu dans ses embarras qu'une occasion et un moyen d'atteindre leur but si longuement convoité, l'exaltation de leur caste, la réalisation de leurs rêves, la mise en pratique de leurs utopies..

Non, pour vous, la France n'a pas été le champ de vos expériences.

Vous, négociateur de Ferrières, votre passage à ce calvaire qu'on appelle le pouvoir, vous a déjà convaincu qu'il n'y a pas deux manières de gouverner les hommes.

Mais, vous ne l'ignoriez pas.

Ou nous nous trompons fort, ou vous êtes bien transformé depuis 1848 ; déjà, avec vos instincts d'ordre et d'honnêteté, vous avez reconnu qu'il faut compter avec le ciel, et que le sentiment du devoir est nécessaire aux peuples comme aux individus ; déjà, vous croyez à l'autorité et à son principe éternel ; vous êtes convaincu comme nous

que vouloir restaurer l'édifice social sans nul souci
de reprendre en sous-œuvre des fondements pour-
ris, c'est le comble de la folie; et que ces fondements sont la famille et la bonne éducation de nos
enfants. Ce n'est pas vous enfin, qui auriez af-
fligé à notre malheureuse France cette suprême
honte d'accepter les secours de ceux qui se font
un jeu de la violence et de la spoliation.

Mais vous l'avez toléré !

L'histoire, en inscrivant ces tristes pages, dira les
hauts faits du droit nouveau, et elle les flétrira, de
même que votre conscience vous dit déjà que sous
peine de mériter le sort de la Pologne, la France
ne doit plus tolérer que la force prime le droit, et
que la fin justifie les moyens.

En résumé, vous n'avez pu tenir aucune de vos
promesses, et vous demandez un bill d'indemnité.
La France, qui a repris possession d'elle-même, se
recueille pour liquider sa situation et assouvir un
ennemi impitoyable, et vous jugera ensuite.

La France sera toujours le soldat de Dieu. Malgré ses aberrations, Dieu l'aime et la protége ;
parce que c'est une grande coupable, elle sera toujours sa fille préférée ; car ses aberrations mêmes
ont leur principe dans un fond de générosité et
d'amour.

FIN.